Animaletras

Francisca Palacios

Ilustraciones de
Alejandra Oviedo

SCHOLASTIC INC.

A a

Con el **á**guila en el cielo
bien montada en cada ala
la *a* vuela, aventurera,
por los vientos inflamada.

Esta letra bondadosa
tiene muchas cualidades,
sabia y buena como el **b**úho
brilla en campos y ciudades.

B b

Cc

El **c**aballo corcovea
y relincha por el campo.
Escondida entre sus crines
pasa la c galopando.

D d

En la aleta del **d**elfín,
desde el fondo de la mar,
aparece de improviso
la *d* en gloria y majestad.

E e

La letra de la escalera
es esbelta y elegante,
no sabe que es prima hermana
del revoltoso elefante.

¿Por qué solo en una pata
el flamenco se sostiene?
¿Qué ha pasado con la otra?
Preguntémosle a la *f*.

F f

G g

Gorjea como el zorzal,
maúlla como el **g**atito,
es la letra de las gárgaras
que canta con gorgoritos.

H h

El halcón chilla con fuerza,
la hiena ruge feroz,
masca fuerte el **h**ipopótamo
y la *h* no tiene voz.

Bajo el sol la iguana, inmóvil,
a la *i* tiene cautiva.
¡Pobre *i*!, tiene un sombrero,
pero quiere una sombrilla.

I i

J j

El cuello de la jirafa
a la *j* se parece:
largo, flaco y espigado,
ni un huracán lo remece.

K k

La *k* es una gran viajera,
conoce Chile y Australia,
bebe el jugo de los kiwis
y es amiga del **k**oala.

L l

En el océano austral,
bajo las nubes del cielo,
la l del lobo marino
se sumerge entre los hielos.

El misterio de la *m*
se revela por las noches.
Se despiertan los **m**urciélagos
y vuelan metiendo boche.

M m

N n

La lengua y el paladar
se juntan para decirla.
Nutria, nuez, nariz y nogal
a la *n* necesitan.

Ññ

¿Sabrá acaso nuestra *ñ*
si el **ñ**andú sabe volar?
¿O si esas alas enormes
son solo para adornar?

O o

Arriba en la cordillera,
entre la nieve y el sol,
se pasea el oso de anteojos
y se encuentra con la o.

Cuando el corazón palpita,
cuando hay miel en el panal,
cuando ruge el feroz puma
a la *p* hay que saludar.

P p

Q q

¿Quién vive con el **q**uirquincho
sobre su caparazón?
¿Quién suena al decir su nombre?
Es la *q* que aquí quedó.

Ratas, ratitas, **r**atones
roen, ríen y recorren
rucas, restos y repisas
y a la *r* le responden.

R r

S s

Es sigilosa y es suave,
es silenciosa y sencilla,
tiene forma de serpiente,
silba, sacude y suspira.

T t

Acompaña a la tortuga
en su lento caminar,
es miope como el topo
y alegre como el **t**ucán.

A la *u* tiene mareada
la urraca de tanto hablar.
¡Uy, te cuento! ¡Uy, te imaginas!
¡Uy, supiste! ¡Uy, me fascina!

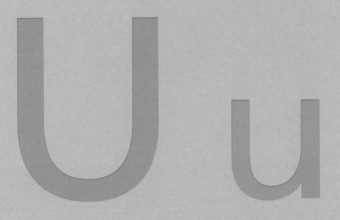

V v

Esta es la *v*, la bajita,
la de **v**aca, la de voz,
la de vid, la de Victoria,
la del vuelo del halcón.

En los cielos araucanos,
entre lluvia y nubarrones,
aparece el **w**enuraki
entonando sus canciones.

W w

X x

Dos **x**olos van caminando
por el campo mexicano
y al cruzarse sus caminos
la *x* van dibujando.

Y y

El yeso del escultor
y la yema del pulgar,
el yacaré y el yo–yo
le hacen a la y un lugar.

Z z

Con el zigzag de la *z*
termina el abecedario.
En la cola gris del **z**orro
quedó quieta y descansando.

Los animales de este libro:

Águila

Es el ave rapaz de mayor tamaño. "Rapaz" quiere decir que caza animales para alimentarse. Tiene alas grandes, un pico puntiagudo, garras fuertes y una vista extraordinaria que le permite ver desde muy lejos. Hay águilas por todo el mundo, menos en la Antártida.

Búho

Es un ave nocturna, es decir, suele cazar en las noches. Caza animales pequeños como peces e insectos. Tiene la cabeza grande y buen oído. Ve muy bien de lejos, pero muy mal de cerca. Posee unas plumas especiales que hacen que vuele casi sin hacer ruido. Hay búhos por todo el mundo, menos en la Antártida.

Caballo

Es un mamífero de cuatro patas con el cuello largo y arqueado sobre el que cae un tipo de pelo largo que se llama crin. Los caballos son animales domesticados, lo que quiere decir que han interactuado de manera pacífica con las personas por cientos y cientos de años. Muchos caballos están entrenados para que las personas los monten, ya sea para trabajar, para pasear o como deporte. Los caballos comen hierbas y otros vegetales y beben muchísima agua.

Delfín

Es uno de los animales más inteligentes.
Tiene el cuerpo alargado, ideal para
nadar muy rápido, la cabeza grande,
el hocico alargado y un orificio en
la parte superior de la cabeza por
el que respira. Es carnívoro, eso
significa que se alimenta de otros
animales, especialmente de peces.
Produce sonidos para comunicarse.
Vive cerca de las costas. Muchos
delfines aprenden a interactuar
con las personas.

Elefante

Es el animal terrestre más grande
que existe. Es un mamífero de piel
gruesa, trompa larga, orejas muy
grandes y colmillos enormes de marfil.
Hay elefantes africanos y elefantes
asiáticos. Los dos son bastante
inteligentes, y las personas pueden
entrenarlos para que sirvan como
medio de transporte. Durante cientos
de años los elefantes han sido cazados
por sus colmillos,
y por eso ya no
quedan tantos
como antes.

Flamenco

Es un ave muy elegante de color
rosado y patas y cuello largos. Suele
vivir cerca de aguas pandas, por las
que camina buscando
algas y crustáceos
para alimentarse. Vive
en todos los continentes,
menos en Oceanía.

Gato

Es un mamífero carnívoro. Eso quiere
decir que se alimenta de la madre al
nacer. El gato es un animal domesticado
y una de las mascotas más populares
en todo el mundo. Lleva viviendo con
las personas desde hace unos 9.500
años. Los gatos pueden ser de muchas
razas diferentes, pero todos maúllan,
ronronean y duermen mucho.

Hipopótamo

Es un gran mamífero que vive en África. Le gusta pasar los días en lagos y ríos, descansando en el agua o el barro. Por las noches sale a comer hierbas. Aunque pesa mucho y tiene forma de barril, puede correr rápidamente. ¡Es más veloz que una persona! Es muy agresivo, así que hay que tenerle cuidado.

Iguana

Es un reptil que vive en áreas tropicales del continente americano. Nace de un huevo, come plantas y suele vivir en los árboles, aunque no a gran altura. Se destaca por su papada y su larga cola, y tiene un tercer ojo encima de la cabeza que parece una escama. La iguana más conocida es la iguana verde, que brilla intensamente cuando le da la luz.

Jirafa

La jirafa es un mamífero de África. Es el animal terrestre más alto que existe, ¡puede medir más de 5,5 metros! Se alimenta de plantas y suele vivir en praderas muy extensas llamadas sabanas. Se cree que desarrolló su largo cuello para alimentarse de las hojas que están en lo alto de los árboles, donde muchos otros animales no pueden llegar.

Koala

Es un animal rechoncho y peludo que vive en los árboles, sobre todo en los eucaliptos, y se alimenta principalmente de hojas y plantas. Es muy tranquilo y duerme mucho, ¡hasta 20 horas al día! Vive exclusivamente en el oriente de Australia y es, junto con el canguro, un símbolo de ese país.

Lobo marino

Es un mamífero que vive en el mar y pertenece a la misma familia de los osos marinos. Aunque su cuerpo es ideal para nadar, también tiene dos pares de aletas con las que puede caminar en tierra. Se alimenta de peces y se encuentra en casi todos los mares del mundo, excepto en el norte del océano Atlántico. Algunos lobos marinos son muy parecidos a las focas.

Murciélago

Es un mamífero muy peculiar porque es el único que puede volar. Vive en todo el mundo, excepto en la Antártida. Hay muchos tipos diferentes de murciélago. Muchos se alimentan de insectos, otros de frutas y algunos de animales pequeños. Casi todos son nocturnos, o sea que solo cazan de noche.

Nutria

Es un mamífero carnívoro que vive tanto en la tierra como en el agua. Puede pasar hasta seis minutos bajo el agua y nada muy rápido, alcanzando una velocidad de 12 kilómetros por hora. Hay nutrias por todo el mundo y algunas son de río y otras son de mar. Las nutrias más grandes se encuentran en Suramérica.

Ñandú

Un ave muy parecida al avestruz africano, pero vive en América y es menos famosa. El ñandú no puede volar, pero es alto y fuerte y corre muy rápido. Se alimenta de plantas y animales pequeños, y lo más interesante es que le gustan mucho las serpientes. La palabra "ñandú" quiere decir "araña" en la lengua guaraní. Tal vez le pusieron así porque sus plumas hacen que se parezca a algunas arañas peludas de Suramérica.

Oso

Es un mamífero de gran peso. Suele caminar en cuatro patas, apoyando las plantas, como las personas, pero también puede erguirse y caminar en las dos patas traseras. Tiene una mordida muy poderosa y se alimenta de plantas y carne. Hay osos marrones, negros, blancos y de otros colores. Los más populares son los osos panda, que son nativos de China.

Puma

Es un felino, es decir, una especie de gato, de América. Hay pumas por todo el continente americano, desde Alaska hasta la Patagonia. Es un cazador y depredador que se alimenta de muchos tipos de animales, desde ciervos hasta ratones. Por lo general es de color dorado, con manchas en diferentes partes del cuerpo. Es muy ágil y veloz, pero no ruge como otros felinos grandes, como el tigre o el león, sino que ronronea como los gatos domésticos.

Quirquincho

En partes de Bolivia y Argentina se le llama así al armadillo. Es un mamífero que tiene un caparazón formado por placas. Gracias al mismo, puede enrollarse como una bola para protegerse. Suele estar despierto de noche y le gusta cavar y comer insectos y otros animales pequeños. Vive en todo el continente americano.

Ratón

Es un pequeño mamífero roedor, lo que quiere decir que tiene unos dientes afilados con los que roe la comida y se defiende. Después de las personas, es el mamífero que habita en más lugares de la Tierra. Los ratones se alimentan de frutas y granos, pero como en el campo pueden acabar con cosechas enteras y en las casas comerse lo que hay en las despensas, las personas tratan de ponerles trampas para cazarlos.

Serpiente

La serpiente es un reptil de cuerpo muy alargado y cubierto de escamas. Como no tiene patas, se desplaza arrastrándose por el suelo. La mordida de algunas serpientes es venenosa, mientras que otras se enroscan alrededor de sus presas, apretándolas hasta matarlas. La serpiente se alimenta de diferentes tipos de animales, desde insectos y aves pequeñas hasta anfibios y reptiles.

Tucán

Es un ave de pico grande y colorido. Vive en selvas y montañas de América, desde México hasta Argentina. Come frutos, insectos, animales pequeños, como lagartijas, y huevos de otras aves. Pasa la mayor parte del tiempo en los árboles, donde hace sus nidos.

Urraca

Esta ave se distingue por el color blanco y negro de sus plumas con irisaciones de color verde y azulado. Vive en el norte de África y en Asia y Europa, donde es muy común. Es omnívora, o sea, se alimenta tanto de plantas como de animales. Le gustan mucho los objetos brillantes como latas y pedazos de cristal, los cuales es usual encontrar en sus nidos.

Vaca

Es un mamífero que fue domesticado por las personas hace más de 10.000 años. Las vacas siempre son hembras. A los machos de la misma especie se les llama toro. A un grupo grande de vacas y toros se les llama "ganado". Las personas crían vacas para obtener de ellas carne, leche y cuero. Las vacas son grandes y pesan como promedio 750 kilos.

Wenuraki

En la lengua mapudungún se le llama wenuraki al ave que se conoce más comúnmente como bandurria. Se reconoce fácilmente por su largo pico y su cabeza y su cuello amarillentos. Vive en Chile y el extremo sur de Suramérica, conocido como Tierra del Fuego. Se alimenta de animales pequeños como sapos, lombrices e insectos.

Xolo

En la lengua náhuatl, la palabra para pavo es huexólotl, y esta palabra suele abreviarse como xolo. El pavo es un ave originaria de Estados Unidos y México, donde se domesticó hace más de 1.000 años. En las celebraciones de Navidad y el Día de Acción de Gracias, la mayoría de la población de Estados Unidos sirve pavo como plato principal.

Yacaré

Pertenece al género de los crocodilios, que son los reptiles más grandes que existen en la actualidad. Se encuentra exclusivamente en América, desde México hasta el sur de Suramérica. Está adaptado a una vida semiacuática, y por eso prefiere los pantanos. Antes lo cazaban mucho para obtener su cuero, pero gracias al esfuerzo de muchas personas por protegerlo, la población de esta especie se ha recuperado.

Zorro

Pertenece a la misma familia de los perros, pero no es bueno como mascota. Es un buen cazador y prefiere vivir solo, no en manadas. Lo que más le gusta comer es roedores, pero también come algunos insectos, frutas y plantas. En Europa y América del Norte es donde más poblaciones de zorros existen, pero también los hay en Asia y Australia.